SENCILLAS

MEJORAS DEL HOGAR

Cocinas

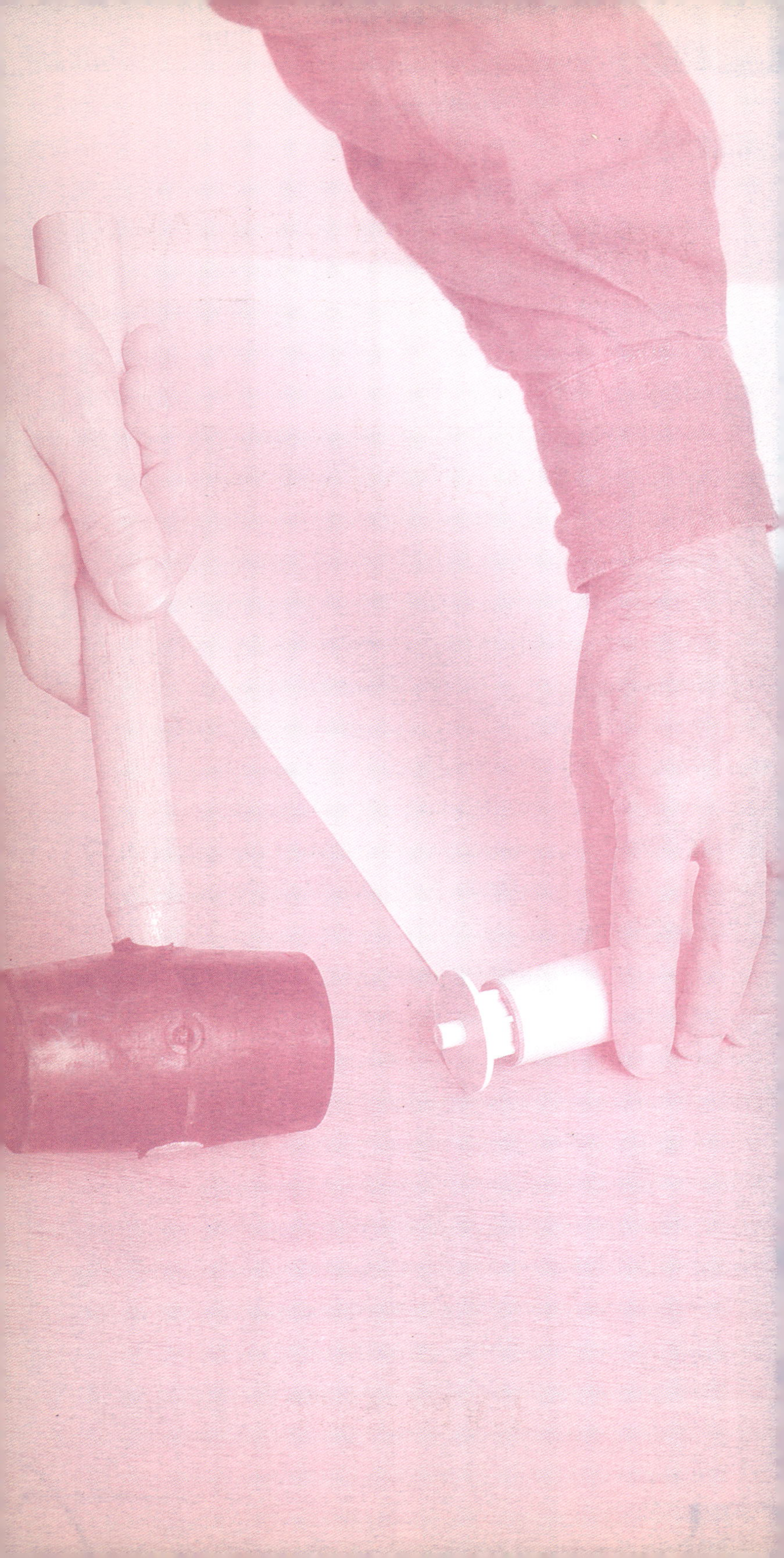

SENCILLAS

MEJORAS DEL HOGAR

Cocinas

STEWART WALTON

EVEREST

Nota

Hemos realizado todos los esfuerzos posibles para asegurar que toda la información de este libro sea correcta y compatible con las normativas vigentes en el momento de la publicación. Tanto las herramientas eléctricas como manuales se han colocado a modo de guía para las fotografías de este libro. Siga siempre las instrucciones del fabricante antes de utilizar cualquier herramienta y póngase ropa y aparatos protectores cuando así se indique. El autor y el editor declinan todo tipo de responsabilidad sobre cualquier pérdida, daño o lesión que pudiera ocurrir como consecuencia, directa o indirecta, del uso y la aplicación de los contenidos de este libro. Queda prohibida la reproducción de cualquier parte de este libro sin permiso expreso de la Editorial.

Contenidos

Sencillas mejoras del hogar

Paredes

Soluciones para el almacenamiento

Cocinas

Suelos

Ventanas

Reparaciones y mejoras

Introducción

Además de ser el lugar donde preparamos y degustamos muchas de nuestras comidas, toda cocina más grande que un armario tiende a ser el lugar de reunión y el centro de cualquier hogar. En épocas pasadas, la cocina de carbón era la única forma de calor semipermanente, e incluso en la época actual de doble acristalamiento y calefacción central, todavía persiste parte de ese sentido de familiaridad y comunidad. Dar un retoque imaginativo a la cocina significa que el trabajo duro y la creatividad serán vistos y apreciados tanto por los residentes como por los visitantes.

Todos los proyectos incluidos en esta obra han sido diseñados para el espectro de personas más amplio posible, por lo que ninguno resulta especialmente difícil de realizar. Cada proyecto aparece clasificado según su dificultad (Fácil, Media o Elevada) a fin de ayudarle a seleccionar los elementos que resultan más apropiados para su grado de habilidad. Claro está que, por dar un solo ejemplo, a alguien acostumbrado al trabajo con madera, para quien colocar tableros de madera laminada no suponga ningún problema, puede parecerle más complicado el estarcido, al contrario de lo que le ocurriría a un pintor de interiores.

Lo más importante es estudiar todos los pasos de cada proyecto antes de ponerse manos a la obra y, sobre todo, tomarse su tiempo. Las indicaciones de tiempo facilitadas en la introducción presupone que usted tiene a mano todos los materiales y herramientas, y que puede trabajar ininterrumpidamente hasta acabar el proyecto. El trabajo adicional necesario para finalizar un proyecto -tratar la madera, aplicar protección, pintar y barnizar- no se incluyen en este tiempo, como tampoco los tiempos de secado para la cola y la masilla para madera. En los proyectos a gran escala -colocar suelos de madera flotante laminados o estarcir las cuatro

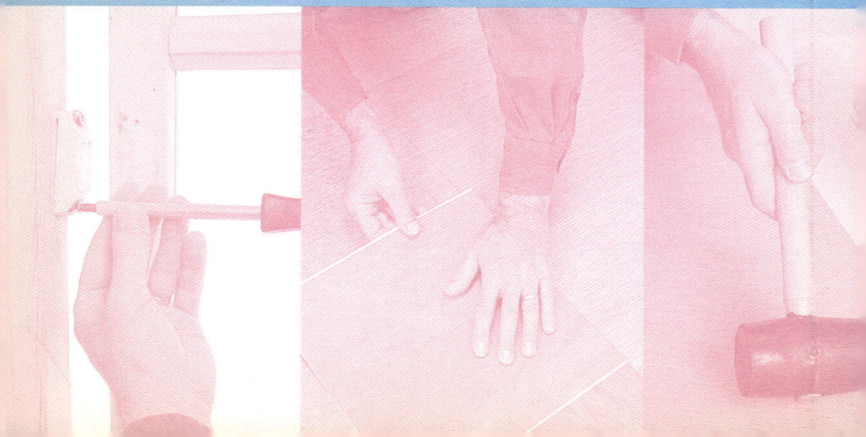

paredes con tres colores- he incluido una breve guía sobre cuánto debería tardar en la preparación; una vez concluida, el tiempo dependerá de la zona que vaya a cubrir y los materiales que utilice.

Tenga en cuenta que las dimensiones dadas en la lista de materiales corresponden al tamaño de cada pieza una vez acabada. Es posible adaptar los proyectos, como la jardinera para el alféizar o el platero, a sus propias necesidades. Si pretende modificar las medidas de forma radical, tal vez tenga que reconsiderar el ancho y el largo de cada pieza, tanto por cuestión de proporción como de resistencia.

En lo relativo a las herramientas, la regla de oro es que se obtiene lo que se paga. Aunque las herramientas baratas puedan parecer una ganga, sus inconvenientes pueden variar desde realizar mediciones inexactas hasta desmontarse durante su utilización. En el caso de herramientas eléctricas, esto puede acarrear consecuencias mayores como heridas, cortes y lesiones. Compruebe las herramientas de segunda mano y revise el estado de los cables de las herramientas eléctricas.

No permita que estas advertencias le desanimen. Si sigue las instrucciones del fabricante y utiliza ropa protectora siempre que se requiera, no debería tener ningún problema. Las herramientas buenas son caras, así que haga su equipo poco a poco. Para evitar gastar dinero en artilugios que sólo va a usar una o dos veces, la mayoría de los establecimientos de bricolaje alquilan herramientas eléctricas para un solo día o para el fin de semana.

Espero que estos proyectos le proporcionen una gran satisfacción, así como la sensación de haber logrado algo que realmente merece la pena.

Stewart Walton

Capítulo 1

Paredes

1. Salpicadero alicatado

2. Pared estarcida

3. Pintura con trapo

4. Pátina de colores al agua

Salpicadero **alicatado**

La superficie del salpicadero no tiene por qué ser únicamente útil. Enmarcarlo con un simple listón de madera pintado o una moldura supone transformarlo en un rasgo decorativo de la cocina. Los azulejos pequeños son los mejores, ya que permiten cubrir una zona pequeña o grande sin tener que cortarlos. Nosotros utilizamos azulejos de 10 x 10 cm.

Materiales

Azulejos de cerámica • Listón de madera blanda o moldura de 1,9 x 1,3 cm • Cola para azulejos • Lechada • Separadores • Cola APV • Puntas • Pasta para madera • Pintura

Herramientas

Sierra cortaingletes • Cuchilla para manualidades • Paleta dentada • Martillo • Botador • Herramienta para lechada • Brocha • Papel de lija • Nivel de burbuja • Escuadra universal • Espátula • Espátula de goma para lechada o esponja

Dificultad

Media

Tiempo

2-3 horas

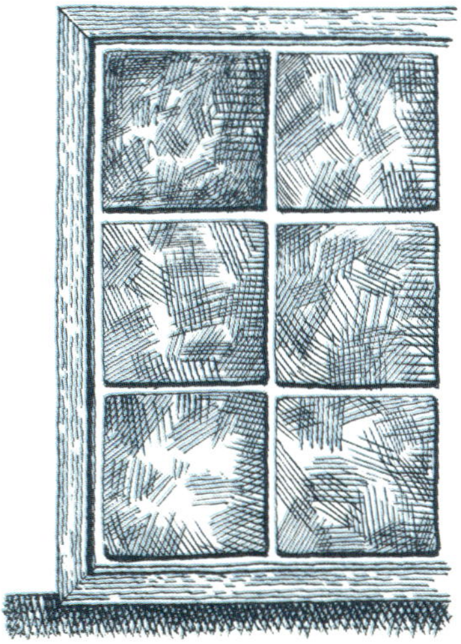

1 Decida las dimensiones de la superficie de pared que va a cubrir y, a continuación, coloque el número de azulejos apropiado sobre una superficie lisa y limpia, situando separadores en todas las confluencias. Tenga en cuenta que cuanto mayor sea la zona a alicatar, mayor será el número de separadores necesario.

2 Como quedará un hueco para la lechada todo alrededor entre los azulejos y el marco, será preciso colocar separadores cortados en las esquinas y espacios exteriores. Recorte con un cúter de hoja afilada los separadores para las esquinas en forma de L y los de los bordes en forma de T. Meta los separadores, cierre bien los azulejos y compruebe que están perpendiculares.

3 Mida la distancia entre los dos separadores de las esquinas superiores y transfiérala al listón o moldura de madera. Las marcas serán la parte interior del ángulo de 45° de los ingletes de la madera. Corte la madera con una sierra cortaingletes fijada a 45° y lije los extremos.

4 Coloque la madera contra los separadores en la línea superior de los azulejos. Si es precisa, márquela como la pieza superior, déjela a un lado y repita el paso anterior con las otras tres maderas, comprobando siempre el ajuste del inglete contra los otros. Monte el marco y asegúrese de que encaja a la perfección.

Consejos útiles

Encontrará paquetes de separadores para azulejos blancos en las ferreterías y establecimientos especializados en bricolaje. A la hora de cortarlos en forma de L o T, resulta de gran utilidad preparar el doble de los que pretendemos usar.

5 Coloque la pieza inferior del marco contra la encimera y la pared, y marque sus extremos. Aplique unas gotas de cola APV a la parte posterior y clávela con puntas. Limpie la cola sobrante con un trapo húmedo y limpio.

6 Coloque una de las piezas de madera verticales contra el inglete de la pieza inferior y verifique con una escuadra universal. Marque su posición exacta y, a continuación, aplique cola y clávela como indica el paso anterior. Si lo desea, puede usar la escuadra universal o el nivel de burbuja para comprobar la posición con exactitud. Repita la operación con la otra pieza vertical y acabe con el listón o moldura superior.

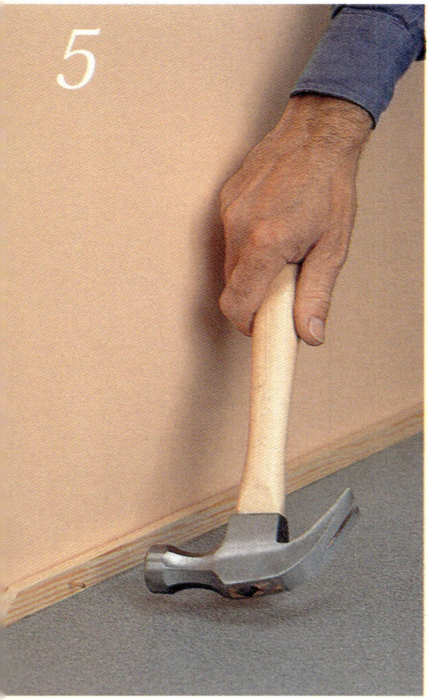

7 Con ayuda de un botador y un martillo, hunda las cabezas de todas las puntas justo por debajo de la superficie de la madera. Aplique pasta para madera de secado rápido en los agujeritos, así como en cualquier hueco de las esquinas ingleteadas del marco, siguiendo siempre las instrucciones del fabricante. Deje secar.

8 Muchas colas para azulejos incorporan una paleta/aplicador de plástico, que también se vende por separado. Aplique el adhesivo según se indique (lo normal es hasta unos 0,27 m^2, pero las zonas de hasta 0,4 m^2 se pueden hacer de una sola tanda). Extienda la pasta dejando una superficie con relieve. Tómese su tiempo y no tenga prisa.

9 Comience con la fila inferior de azulejos. Coloque uno de los separadores en forma de L en una esquina y sitúe el azulejo esquinero, moviéndolo sobre el adhesivo para asegurarse de que agarra. Coloque los separadores en forma de T a lo largo de la base y el lateral, sitúe el siguiente azulejo y repita la operación, añadiendo los separadores de arriba y en forma de X a medida que avanza.

10 Trabaje cada fila, asegurándose de que azulejos y separadores encajan a la perfección, y limpiando los grumos. Una vez colocados el último azulejo y separadores, deje secar bien el adhesivo, que suele tardar unas 24 horas. Limpie los restos de adhesivo que haya sobre la superficie de los azulejos y de la madera.

11 Lije la pasta para madera con que rellenó los agujeros de las puntas y las esquinas ingleteadas, limpie el polvo y pinte la madera. En este caso hemos empleado el mismo color que la pared para que destacaran los azulejos. Cuando la pintura esté seca, aplique lechada en las hendiduras existentes entre los azulejos y entre los azulejos y el marco. Utilice una espátula de goma o una esponja húmeda y limpia para rellenar los huecos.

12 Elimine la lechada de la superficie de los azulejos y el marco. Dé forma a las hendiduras. Puede comprar una herramienta para este fin, pero resulta igualmente sencillo utilizar un trozo de madera o metal con el perfil deseado. Limpie la lechada y déjela secar. Saque brillo a los azulejos de cerámica con un trapo suave y seco.

Pared **estarcida**

El estarcido es una técnica clásica para añadir color a las paredes sin tener que cubrir toda la superficie. Puede aplicar tantos estarcidos como desee y usar uno o más colores. En realidad, las posibilidades son ilimitadas. Es posible estarcir o pintar muebles, puertas o incluso suelos de madera. Por muy sencilla que pueda parecer la técnica, no escatime en los materiales: utilice siempre plantillas de estarcido y pinceles para estarcir apropiados, a la venta en los establecimientos de bellas artes y bricolaje. El diseño usado aquí, así como algunos otros modelos, aparecen en las páginas 108-111.

Materiales

Plantilla para estarcido • Pintura de base acuosa (acrílica) • Pincel para estarcir

Herramientas

Cúter o escalpelo • Adhesivo en aerosol • Cinta protectora • Plato de cerámica blanco • Trapo limpio o papel de cocina absorbente

Dificultad

Media

Tiempo

15-30 minutos para recortar la plantilla; 15-30 minutos para aplicar los dos colores

1 Cuando haya copiado o dibujado el diseño del tamaño adecuado a sus necesidades, recórtelo del mismo tamaño y forma sobre un trozo de plantilla para estarcir. Aplique adhesivo en aerosol en una o ambas superficies (según las instrucciones del fabricante) y presione el diseño sobre la plantilla, alisándolo desde el centro hacia fuera.

2 Deje secar el adhesivo y luego ponga la plantilla sobre un trozo de ocumen viejo o un tapete de corte. Recorte el dibujo a través del papel y de la plantilla con un escalpelo o un cúter de hoja afilada.

3 Retire el papel de la plantilla lentamente y con cuidado. Revise la plantilla y retoque las esquinas con el cúter, si fuera necesario.

4 Ponga un poquito de pintura acrílica u otra de base acuosa sobre un plato de cerámica blanca limpio. Una vez tenga todos los colores en el plato, deberá trabajar deprisa de uno a otro. Manche el pincel con el primer color, asegurándose de que se impregnan los extremos de todas las cerdas. No sobrecargue el pincel.

Consejos útiles

Además de aplicar un motivo estarcido, puede añadir detalles o adornos con pintura al agua y un pincel fino.

5 El pincel debe estar casi seco; así pues, elimine la pintura sobrante con un trapo limpio o papel de cocina absorbente. Pruebe el pincel sobre un trozo de papel y repita hasta estar satisfecho.

6 Coloque la plantilla en la posición deseada sobre la pared y péguela con cinta protectora. Para esta demostración, sólo hemos utilizado una plantilla. No obstante, si pretende pintar una superficie más extensa, plantéese confeccionar unas cuantas plantillas y colocarlas a distancias regulares a lo largo de la superficie de la pared.

7 Aplique la pintura dando golpecitos a través de los recortes de la plantilla. Para lograr un efecto tridimensional, añada más pintura en ciertas zonas con el fin de oscurecerlas. No pretenda crear este efecto cargando la brocha en exceso, sino aplicando más con las cerdas casi secas.

8 Deje que el primer color se seque por completo (como el pincel está tan seco al aplicar la pintura, no tardará mucho en secarse) y añada el segundo color. Para dar a las formas un efecto redondeado y tridimensional, deslice el pincel cerca del borde de la plantilla antes de aplicar el resto con golpecitos suaves. Deje secar antes de añadir más colores. Cuando todos los colores estén secos, retire la plantilla con cuidado.

Pintura **con trapo**

La pintura con trapo, con su efecto irregular de color, es una manera estilosa de cubrir una pared. Además, puede emplearse para desviar la vista de una superficie desnivelada. Después de aplicar un color base liso, el tiempo es lo primordial. Se precisa de dos personas: una para aplicar el barniz y la otra para hacer rodar el trapo por encima.

Materiales

Pintura al agua del color elegido • Barniz o tintes universales al aceite • Pintura en emulsión para la mano base

Herramientas

Brochas • Botes para la pintura • Cinta protectora • Trapo sin pelusa

Dificultad

Fácil

Tiempo

10-15 minutos por cada m^2

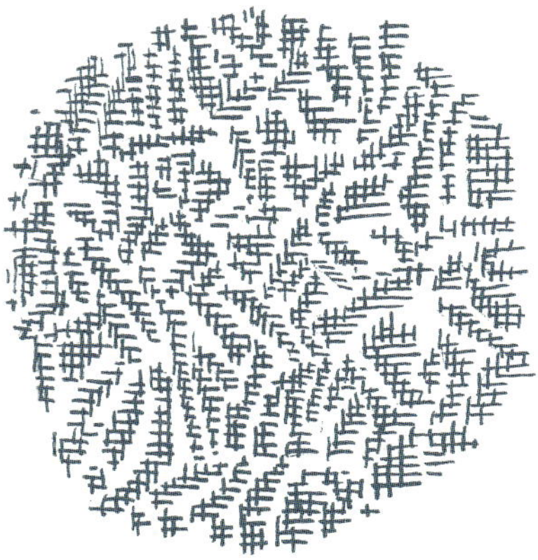

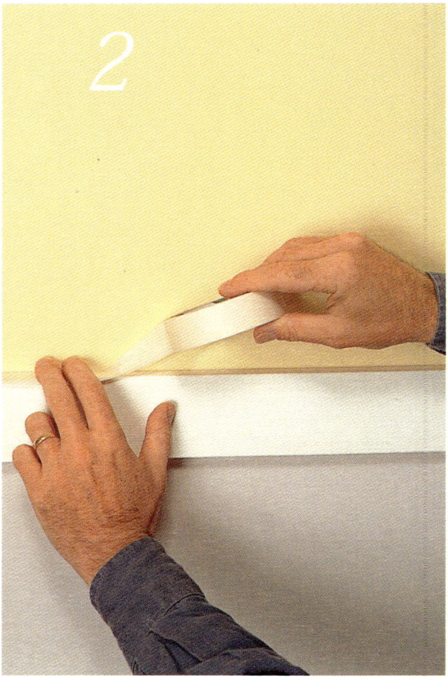

1 Limpie y desengrase bien la superficie de la pared con un limpiador mural. Aplique una o dos manos de emulsión de látex o pintura sedosa con el objetivo de lograr una superficie suave y tratada. Deje secar bien.

2 Corte tiras de cinta protectora y proteja con ellas la madera de las paredes: líneas de zócalo, molduras, rodapiés, marcos de puertas y ventanas, etc. Presione bien, sobre todo en la confluencia entre la madera y la pared.

Consejos útiles

Todas las brochas deben estar completamente limpias y secas antes de aplicar el barniz. Ante la duda, lávelas y séquelas bien una vez más.

3 Lea las instrucciones del envase para ver cuánto barniz se necesita para la zona que va a cubrir. A continuación, vierta algo más que lo indicado en un bote para pintura. Añada una pequeñísima cantidad de pintura al agua de color, remueva bien y pruebe la mezcla sobre una zona que vaya a pintar después o sobre un trozo de madera viejo pintado con el color base. Prepare más barniz tintado del que necesita, ya que es casi imposible reproducir exactamente una misma mezcla de color.

4 Para lograr una superficie lisa con el barniz, impregne la brocha, elimine el exceso presionándola contra un lado del cubo y aplique brochazos ligeros y regulares de barniz a intervalos regulares por toda la pared. Trabaje en una zona de 0,18 m^2 cada vez.

5 Pase la brocha por cada uno de los cuadros y únalos pintando en todas las direcciones hasta lograr una mano lisa y regular de barniz de color. Asegúrese de que el barniz penetra bien en las esquinas donde la pared está en contacto con la cinta protectora.

6 Coja un trapo sin pelusa limpio y seco, y arrúguelo en una mano hasta que tenga la forma de una coliflor. El resultado debe ser algo parecido al de la fotografía, pero no debe estar ni muy prieto ni muy suelto. La experiencia le desvelará cómo funciona mejor.

Consejos útiles

Antes de comenzar cualquier proyecto de pintura o barnizado, revise el estado de las brochas. Detenerse a eliminar las cerdas sueltas pegadas en una superficie puede hacer perder la concentración; así que no tenga piedad y tire las brochas viejas.

7 Dé golpecitos sobre el barniz con el trapo girándolo un poco para absorber parte de él. Avance suavemente, ya que una presión excesiva crearía un efecto con demasiados contrastes. No arrastre el trapo sobre el barniz. Continúe por toda la zona barnizada, cambiando la posición del trapo si se empapa de barniz y prestando especial atención a las esquinas y puntos de confluencia.

8 Si accidentalmente aplica algo de barniz en un lugar donde no debería, límpielo de inmediato con un trapo húmedo. Cuando haya acabado, deje secar el barniz por completo. Lea las instrucciones del fabricante que aparecen en el envase relativas al tiempo de secado, que puede llegar a ser de hasta 24 horas. Retire la cinta protectora con cuidado.

Pátina de colores **al agua**

La pátina de colores al agua es una manera popular de romper y suavizar una pintura de un color liso. Además, las combinaciones potenciales del color base y las dos pátinas de colores distintos son ilimitadas. El método resulta bastante sencillo: el secreto está en crear un ritmo de brochazos y aplicar la cantidad justa de pintura diluida. Es posible emplear la misma técnica con barniz y aplicarla sobre madera y muebles.

Materiales

Pintura en emulsión de color • Pintura en emulsión blanca • Agua

Herramientas

Brochas • Botes para pintura • Cinta protectora

Dificultad

Fácil

Tiempo

15-20 minutos por cada 3,5-4 m^2

1 Prepare las paredes y proteja la madera de igual forma que para la pintura con trapo (véase página 28). Vierta la pintura en emulsión de color en un bote. Dilúyala con agua del grifo en una proporción de una parte de pintura por dos partes de agua.

2 Impregne una brocha en la mezcla, elimine el sobrante apretando contra un lado del bote y aplique la mezcla diluida sobre la pared. Dé brochazos en todas direcciones, trabajando de manera firme y rápida, pues la pintura se seca deprisa.

Consejos útiles

Si decide mezclar sus propios colores, es imprescindible anotar las proporciones exactas utilizadas o preparar mucho más de lo que va a necesitar. Cubra el bote de pintura con film de plástico para evitar que se seque durante la noche.

3 Aléjese de vez en cuando para contemplar la zona que está pintando. No se preocupe si la cobertura parece irregular, pero asegúrese de que cubre tanto como desea. Deje secar esta mano por completo, y lave bien el bote y la brocha.

4 Prepare una mezcla diluida de una parte de pintura en emulsión blanca por tres partes de agua. Para reducir el brillo del blanco, añada una pequeñísima cantidad de la pintura de color poco a poco. Impregne la brocha escasamente con esta mezcla, elimine el sobrante contra un lado del bote y aplíquela en todas las direcciones como hizo antes. Agote toda la pintura de la brocha antes de volver a cargarla.

Capítulo 2
Suelos

1. Colocación de baldosas de vinilo

2. Colocación de laminado flotante

Colocación de **baldosas de vinilo**

Las baldosas de vinilo son una forma atractiva y sencilla de cubrir un suelo, especialmente si tiene una cocina pequeña donde sería difícil colocar y marcar el vinilo en rollo. Además, si una baldosa se daña o estropea, sustituirla no resulta un problema. Aquí empleamos baldosas autoadhesivas por rapidez y conveniencia, y, como presentan un diseño irregular, las colocamos en forma de damero.

Materiales

Baldosas de vinilo autoadhesivas • Limpiador de suelos • Cera para suelos de acabado con brillo

Herramientas

Bota o cuerda de marcar • Cúter • Regla • Escuadra • Rotulador de punta fina

Dificultad

Fácil/Media

Tiempo

2-3 horas por cada 3,5-4 m^2

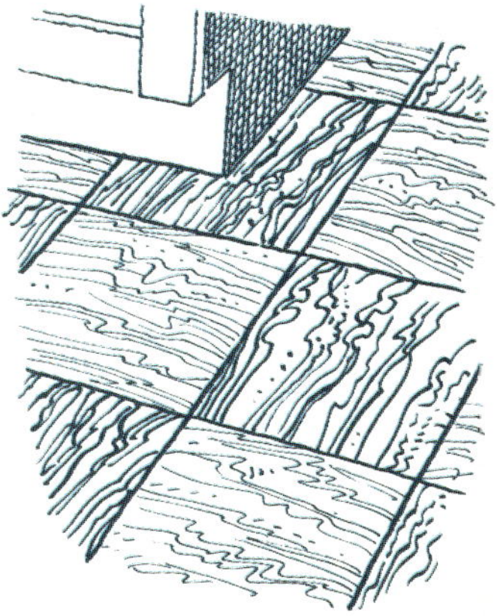

1 Nivele el suelo con aglomerado, si fuera necesario. Mida las dos paredes, sin los huecos o salientes, halle el punto medio de cada una. Clave una punta en estas posiciones y extienda una cuerda impregnada de tiza entre ellas. Tense y suelte la cuerda para lograr una línea que cruce la habitación.

2 Señale el centro de la línea. Con una escuadra para dibujar un ángulo recto, repita el proceso con las puntas y la cuerda a lo largo de esta segunda línea. Avanzando desde el punto central hacia fuera, extienda una hilera de baldosas en ambas direcciones sobre la marca de tiza.

Consejos útiles

El aglomerado o conglomerado nuevo debería colocarse con la cara áspera hacia arriba. Además, debería tratarse con un sellador adecuado. Siga las instrucciones del fabricante a la hora de la aplicación y deje secar el sellador antes de colocar las baldosas.

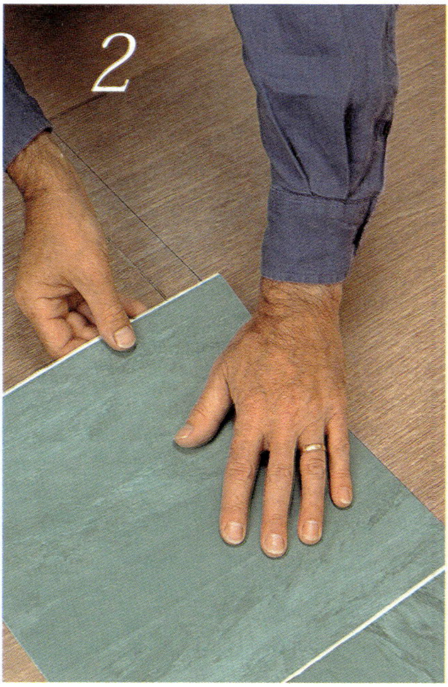

3 Cuando llegue a los extremos de la línea antes de las paredes, coloque la última baldosa sobre la anterior, deslícela hasta la pared y marque o mida lo que solapa. Repita en el otro extremo. Si las medidas no son iguales, desplace toda la hilera de baldosas hasta lograr un borde igual. A continuación, marque de nuevo con la cuerda, como en el paso 1, para sustituir la primera.

4 Repita el paso 3 para marcar la cuerda en ángulo recto y realice los ajustes correspondientes. Cuando esté satisfecho, barra o aspire bien el suelo. Como no hay que esperar a que se seque ningún pegamento ni lechada, no hace falta comenzar en el cuarto de la habitación más alejado de la puerta. Sin embargo, siempre es conveniente seguir esta convención. Despegue el papel protector de la primera baldosa.

5 Coloque la baldosa en el punto central donde convergen las dos líneas de tiza. Presione ligeramente, avanzando desde el centro hacia fuera por toda la superficie, y termine pasando la mano por todo el borde. Continúe cubriendo el cuarto con baldosas enteras, asegurándose de que la superficie del suelo está bien limpia antes de poner cada nueva baldosa.

6 Para lograr un ajuste perfecto al rodapié o a los muebles de la cocina, coloque una baldosa exactamente sobre la última que ha pegado. A continuación, ponga otra baldosa sobre ésta, juntándola a tope al rodapié y recordando recortar el papel protector que sobresalga. Marque con un rotulador de punta fina la primera baldosa a lo largo de la línea que solapa las otras dos.

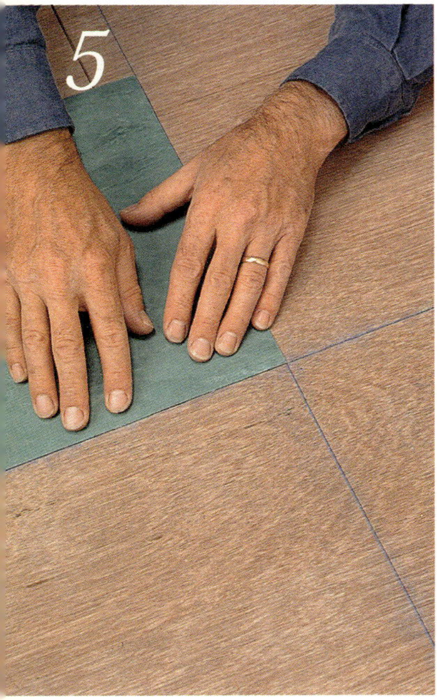

7 Sitúe la baldosa marcada sobre un trozo de aglomerado y corte por la línea con un cúter y una regla. Despegue el papel protector, coloque el borde cortado contra el rodapié y presione. Continúe a lo largo del borde.

8 Cubra todo el suelo según indican los pasos 5 - 7. A continuación, barra o aspire la superficie. Limpie las baldosas con un limpiador de vinilo, aclare (si fuera necesario) y deje secar. Aplique abrillantador para suelos de acabado brillante siguiendo las instrucciones del fabricante (normalmente, dos manos) y deje secar bien.

Consejos útiles

Antes de colocar las planchas de aglomerado o conglomerado, hunda todas las cabezas de las puntas por debajo de la superficie del suelo con ayuda de un martillo y un botador. De lo contrario, podrían atravesar el vinilo y dañar la superficie con el uso.

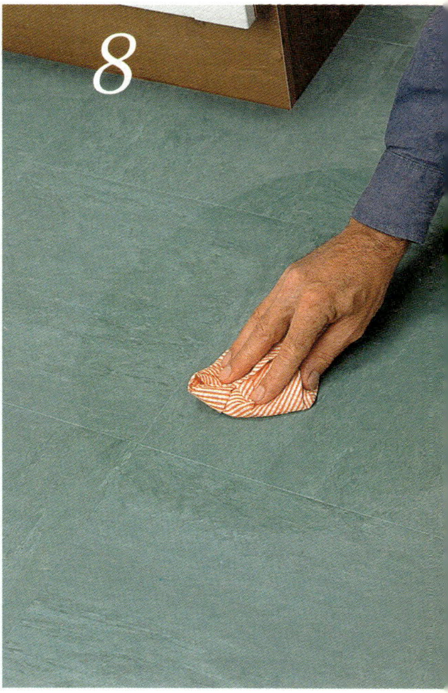

Colocación de **laminado flotante**

Los tableros laminados se venden en una gran variedad de grosores, desde 1 cm hasta 1,9 cm, y en numerosos acabados con finas láminas de maderas atractivas. Los bordes machihembrados proporcionan un ensamblaje sencillo y limpio. Otro toque agradable viene dado por las molduras tapajuntas que rematan y cubren el borde de la superficie laminada. No escatime en la parte protectora de este proyecto: como todas las maderas, estas tarimas laminadas son sensibles al calor, al frío y, sobre todo, a la humedad.

Materiales

Contrachapado de 1,6 cm • Tarimas laminadas de 1,3 cm • Moldura tapajuntas de 1,9 cm • Láminas de politeno • Rollos de poliestireno fino • Puntas de latón de 25 mm • Puntas de 25 mm

Herramientas

Sierra tronzadora • Sierra de calar • Serrucho • Sierra cortaingletes • Martillo • Protector para lengüeta del machihembrado • Escuadra universal • Regla • Lápiz • Cola APV • Botador • Tijeras • Cúter • Separadores de plástico • Pasta para madera • Papel abrasivo y bloque de madera

Dificultad

Media/Elevada

Tiempo

Más de 4 horas, dependiendo de la superficie del suelo

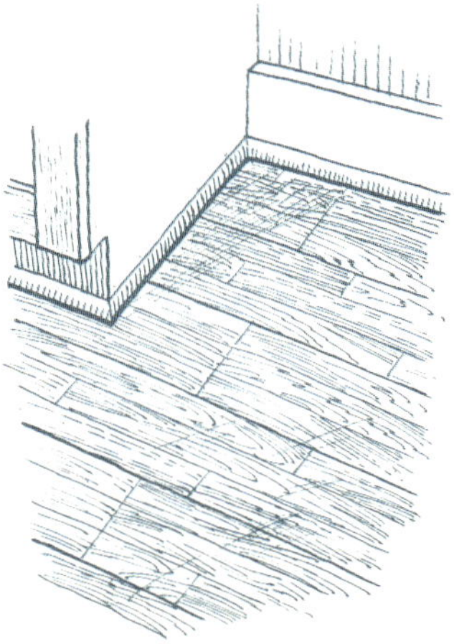

1 La superficie del suelo debe estar limpia, seca y nivelada antes de comenzar. Si el suelo es de madera, utilice un botador para hundir por debajo de la superficie todas las puntas o grapas que sobresalgan. Corte y encaje una superficie de contrachapado de 1,6 cm para asegurar una base sólida. Coloque el contrachapado en posición y clávelo con puntas de latón. Hunda con el botador la cabeza de las puntas igual que hizo en el suelo original.

2 Para crear una membrana antihumedad efectiva por debajo de las tarimas laminadas, mida las láminas de politeno fino para que encajen por encima del contrachapado y recórtelas con unas tijeras o un cúter. Deberían superponerse 10-12 cm en cada punto de unión. Compruebe que el politeno no está dañado antes de colocarlo.

3 Para proteger el politeno, así como para crear una superficie base para la cubierta, extienda una capa de poliestireno fino por encima. Las tiras de poliestireno deberían cubrir los puntos de unión del politeno y cada trozo debería juntarse a tope al siguiente, pero no solaparlo. Recorte el poliestireno con unas tijeras o un cúter, procurando ser completamente preciso en las esquinas.

4 Comience a colocar las tarimas laminadas en una esquina y avance a lo largo de una pared recta con la lengüeta hacia fuera. Como la madera se expande una vez instalada (véase página 49), algunos fabricantes facilitan separadores de plástico, graduados según el ancho (aquí, de 3 mm), para colocar contra los bordes de la habitación. También se pueden comprar por separado en cualquier tienda de bricolaje.

5 Cuando llegue al final de una línea y tenga que cortar un trozo de tarima para que encaje contra la superficie adyacente, vuelva la tarima siguiente de manera que su lengüeta encaje en la ranura de la ya colocada. Júntela a tope con el extremo y utilice una escuadra universal para marcarla.

6 Retire la tarima del extremo y córtela del tamaño deseado con una sierra de calar o un serrucho de dientes finos. La profundidad de la ranura en el extremo de la pared debería compensar el separador, aunque es buena idea colocarlo de todas maneras. Aplique cola en la lengüeta y encájela en la ranura. Clave la línea terminada con puntas de latón. Para un acabado perfecto, marque la posición de las puntas antes de clavarlas en lugar de hacerlo a ojo.

7 La siguiente línea laminada debería comenzar con una tarima completa contigua al extremo cortado de la primera. Aplique cola APV en la ranura y sitúe la tarima nueva en posición en paralelo a la primera hilera.

8 Algunas tarimas laminadas vienen provistas de un trozo de plástico machihembrado ideado para golpear las siguientes tablas y ajustarlas en su sitio. Si sus tarimas no lo traen, utilice un bloque de madera para proteger el borde de la tarima de los golpes del martillo. Avance a lo largo de las tarimas, asegurándose de que encajan bien.

Consejos útiles

Para salvar tuberías, marque y recorte una forma de cuña de la parte frontal de la tubería. Recorte la cuña de manera que encaje alrededor de la parte posterior de la tubería, encólela y fíjela con puntas.

9 Antes de que se seque la cola sobrante, que habrá salido al apretar las tarimas con el martillo, límpiela con un trapo húmedo. Cuando cada línea de tarimas esté completa y bien encajada, fíjela con puntas.

10 En una cocina, es poco probable que la superficie del suelo esté libre de muebles o armarios. A la hora de recortar una silueta, vuelva la tarima como en el paso 5 y colóquela contra el mueble con el extremo nivelado con la siguiente tira de la línea. Utilice una escuadra universal para marcar una línea a lo largo del borde exterior del mueble que se extienda a lo ancho de la tarima.

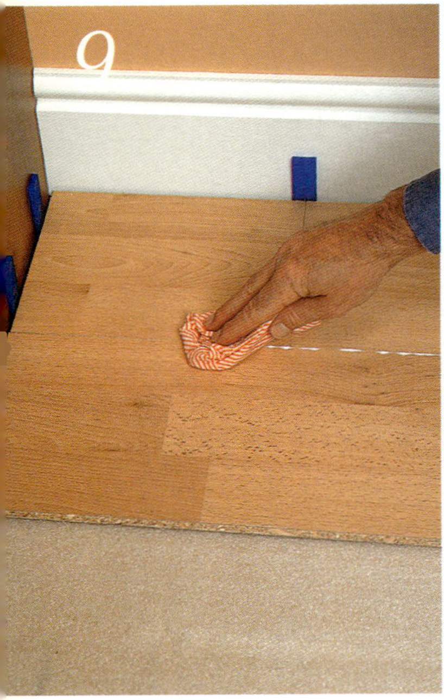

11 Mantenga la tarima en posición y utilice la escuadra para medir la profundidad del mueble desde la última tarima colocada. Transfiera esta medida a lo largo de la nueva lámina y marque una línea de corte a lo largo. Pinte con el lápiz la parte de la madera que va a desechar.

12 Sujete la tarima al banco de trabajo y corte la madera sobrante con un serrucho de dientes finos o una sierra de calar. Procure ser lo más preciso posible, aunque las desviaciones menores podrán ocultarse con la moldura tapajuntas. Compruebe que casa bien contra el mueble, aplique cola y fíjela con puntas como hizo antes.

Consejos útiles

Para un acabado de madera, puede adquirir cuadros de parqué en los establecimientos especializados. Estas baldosas pueden ser autoadhesivas y algunas incorporan una base de betún para reforzar la capa de politeno contra la humedad.

13 Continúe cortando y colocando las tarimas, comprobando que las juntas quedan alternas por todo el suelo. Cuando haya acabado, deje secar bien la cola. Retire los separadores y tome medidas para calcular la cantidad de moldura tapajuntas de 1,9 cm que va a necesitar. No olvide añadir una cantidad extra para los ingletes de las esquinas. Comience ingleteando y colocando la moldura tapajuntas a lo largo de una pared recta. A continuación, coloque tiras largas y marque sus extremos.

14 Sitúe la sierra cortaingletes a 45° y corte la moldura tapajuntas. En los ángulos internos, como para los rincones de la habitación, la línea marcada corresponde al ángulo externo y el corte se hace desde la arista; mientras que en los ángulos externos, como para las esquinas, la línea marcada corresponde al ángulo interno y el corte parte de él hacia fuera.

15 Asegúrese de que cada tira casa con la siguiente, realice los ajustes necesarios y clávelas con puntas de 25 mm. Deberían clavarse por la parte más profunda de la moldura y salir en el ángulo recto de la base. Trabaje despacio a fin de no dañar el entarimado, el rodapié o los muebles.

16 Utilice un botador para hundir la cabeza de las puntas por debajo de la superficie de la moldura, rellene los agujeros y líjelos. Puede teñir la moldura a juego con el entarimado o utilizar un color diferente que contraste. Por último, limpie y desengrase bien el suelo y proteja la superficie con tres o cuatro manos de barniz transparente para suelos, siguiendo las instrucciones del fabricante.

Capítulo 3

Ventanas

1. Ventana pintada

2. Estor enrollable

3. Jardinera para el alféizar

Ventana **pintada**

Pintar una ventana es una tarea sencilla cuando se realiza de la manera adecuada, e igualmente complicada si no es así. Los puntos esenciales son dedicar tiempo a preparar la superficie y el orden en que se pintan las distintas partes.

Materiales

Pintura esmalte • Pintura base (opcional) • Imprimación (opcional) • Pasta para madera (opcional)

Herramientas

Cúter • Regla • Rotulador de punta fina • Limpiacristales o alcohol metílico • Trapo sin pelusa

Dificultad

Fácil

Tiempo

Después de la preparación, 1-2 horas por mano

1 Retire las cortinas y estores, quite todos los accesorios (cierres, pestillos, etc.) de la ventana y el marco. A fin de no perderlos, meta los tornillos en bolsas de plástico que pegará con cinta adhesiva al elemento correspondiente. Lave la ventana y el marco con un desengrasante o con alcohol, aclare y deje secar.

2 Revise el estado de la ventana y el marco. Las pequeñas zonas de madera podrida o rota pueden rascarse con un destornillador o un cúter, pero los trozos más grandes deberán ser sustituidos. Rellene los huecos o zonas rascadas con pasta para madera, aplicándola en capas finas y dejando secar entre ellas. Rellene los agujeros de los tornillos sólo si pretende instalar otros nuevos.

3 Lije la pasta de madera con papel abrasivo hasta que la superficie quede nivelada con el resto de la ventana. Frote ligeramente toda la pintura para proporcionar una buena superficie de agarre. Elimine el polvo y limpie todos los cristales con limpiacristales o aguarrás.

4 Corte tiras de cinta protectora y péguelas a lo largo de las líneas de contacto del cristal con la madera. Presione las tiras sobre el cristal, asegurándose de que llegan hasta el mismo marco. Solape los extremos en las esquinas y presione con cuidado. Ésta es una de las partes más importantes del proceso y merece la pena dedicarle tiempo.

5 Si trabaja sobre madera virgen, comience aplicando una mano de imprimación y, una vez seca ésta, proceda con una capa base. En el caso de trabajar sobre pintura lijada, puede pasar directamente a la mano principal. Comience pintando los travesaños y las molduras que sujetan el cristal en el centro de la ventana. Aquí utilizamos una brocha de 38 mm, pero usted puede usar una de 25 mm para las superficies pequeñas.

6 A continuación, pinte los travesaños superior e inferior del marco. Después, pinte el larguero del lado de las bisagras. Con la ventana completamente abierta, pinte el borde desde el larguero hasta el borde exterior, procurando que no penetre pintura en las partes móviles de las bisagras.

7 Remate la ventana pintando el otro larguero. Si ha aplicado imprimación o capa base, repita el orden de aplicación de los pasos 5 - 8. A continuación, pinte el marco.

8 Deje secar la mano final casi por completo y, ayudándose de una regla para mayor precisión, deslice la hoja de un cúter exactamente por donde el cristal entra en contacto con la madera. Retire la cinta protectora, comenzando desde la esquina solapada. Elimine los grumos de pintura del cristal o límpielos con aguarrás mientras aún estén frescos. Cuando la pintura esté totalmente seca, vuelva a colocar los accesorios.

Consejos útiles

No trate de buscar atajos utilizando pinturas inapropiadas. El mercado ofrece gran variedad de combinaciones (imprimación/capa base, pintura de una mano). Merece la pena leer con detenimiento las instrucciones del fabricante y seguirlas cuidadosamente.

Estor **enrollable**

Una vez decidido que un estor enrollable es lo que desea para su cocina, el siguiente paso es elegir uno de entre la gran variedad que ofrece el mercado. El modelo utilizado aquí emplea un mecanismo de dos cordones, disponible en la mayoría de los establecimientos. Los modelos más sofisticados de pesas posiblemente tengan instrucciones más complicadas, pero el principio básico es el mismo.

Materiales

Conjunto de estor enrollable • Pintura para tela

Herramientas

Destornillador • Buril • Cúter o tijeras • Regla • Lápiz • Rotulador de punta fina • Sierra de arco pequeña • Cinta protectora • Esponja o brocha • Papel abrasivo • Nivel de burbuja

Dificultad

Fácil/Media

Tiempo

2 horas

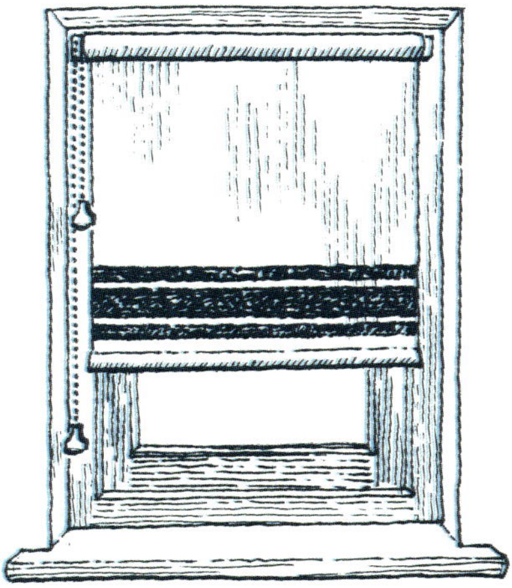

1 Coloque el soporte del estor en posición, procurando dejar espacio suficiente para el mecanismo y el estor en la parte superior, y marque con un buril los agujeros para los tornillos. Compruebe con un nivel de burbuja que los agujeros quedan nivelados. Haga los agujeros y, después, atornille los soportes. Compruebe de nuevo con el nivel de burbuja.

2 Mida la distancia exacta entre los extremos de los soportes. Mida y añada a lo anterior la cantidad extra que ocupa el mecanismo en ambos extremos; en nuestro caso fue de 1,5 cm. La medida final es la longitud exacta del cilindro de cartón.

3 Desenrolle con cuidado la tela del cilindro de cartón y sáquela por completo por un extremo. Doble la tela despacio para evitar arrugas. Transfiera la longitud del paso anterior al cilindro de cartón y córtelo a la medida adecuada con una sierra de arco pequeña. Lije suavemente el borde cortado para nivelarlo.

4 Extienda la tela sobre una superficie recta y retire la varilla de plástico del dobladillo del borde inferior. Reduzca 2 mm el largo del cilindro de cartón y transfiera esta medida a lo largo del revés (lado de la ventana) de la tela con un rotulador de punta fina.

Consejos útiles

Al fijar los soportes a una superficie horizontal sobre la ventana, compruebe con un nivel de burbuja que los centros están nivelados; si no es así, introduzca cartón o trocitos de madera cortados a medida en el interior del soporte más alto.

5 Corte la tela según el ancho deseado. Puede utilizar tijeras, pero sólo si está seguro de la precisión del corte. El mejor método es usar una regla y un cúter de hoja afilada. Mida la caída en el hueco de la ventana, añada 15-20 cm y transfiera el resultado al largo de la tela, comenzando desde el extremo del dobladillo. Corte la tela a medida.

6 Mida el ancho de la tela menos 3 mm, transfiera esta medida a la varilla de plástico y corte ésta con una sierra de arco pequeña. Lije el extremo cortado con papel abrasivo y vuelva a meter la varilla en el dobladillo para comprobar el ajuste. Cuando esté satisfecho, vuelva a sacar la varilla.

7 Extienda la parte inferior de la tela y pegue sobre la superficie dos tiras de cinta protectora a lo largo de los lados. Mida la cinta desde la parte inferior, casando las marcas de cada lado y, a continuación, dibuje líneas a lo ancho de la tela uniendo las marcas. Pegue cinta protectora sobre la tela a lo largo de las líneas procurando que los bordes queden bien adheridos.

8 Vierta un poco de pintura para tela en un platito. Con una brocha o una esponja aplique la pintura sobre las zonas no protegidas de la tela. Para crear el efecto moteado mostrado aquí, presione suavemente una esponja a fin de potenciar la profundidad del color. Si lo desea, puede dar más solidez a la pintura, pero debe proceder del mismo modo.

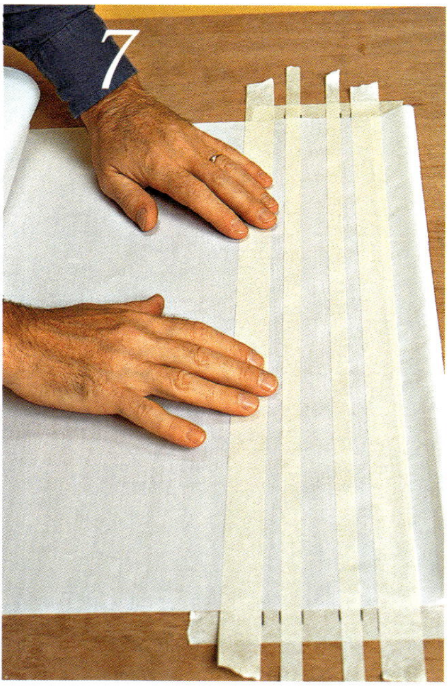

9 Deje secar bien la pintura y despegue la cinta protectora. Corte un trozo de cinta de doble cara con el ancho de la tela y presiónela a lo largo del cilindro de cartón, dejando un poquito a cada lado. Despegue el papel protector y pegue el extremo superior exactamente sobre la tela.

10 Enrolle la tela con cuidado, procurando que el lado pintado quede hacia fuera de la ventana. Meta las dos piezas del control lateral en el cilindro de cartón, primero a mano para asegurar un ajuste preciso y luego con una maza de goma. Para el mecanismo ilustrado en este proyecto, los cordones se instalaron en el lado izquierdo.

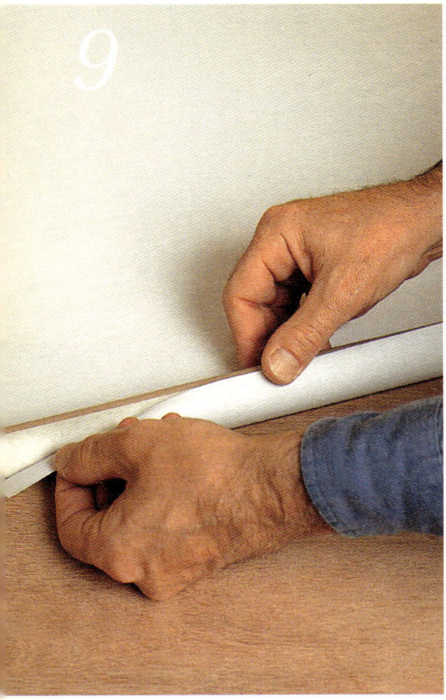

11 La mayoría de los soportes tienen accesorios de formas distintas para las piezas de control. Compruebe que los cordones cuelgan rectos y no están enredados, coloque la pieza de control y repita la operación en el otro lado.

12 En un mecanismo de dos cordones, como éste, deberá decidir qué cordón va a levantar el estor. Coloque el peso en este cordón a una altura adecuada. Haga un nudo doble para sujetarlo y corte el sobrante con unas tijeras. Baje el estor con el otro cordón y repita la operación con el otro peso.

Consejos útiles

Al subir y bajar el estor, éste puede descolgarse de uno u otro lado. Extraiga el cilindro de los soportes, desenrolle el estor y pegue unas cuantas capas de cinta protectora sobre el cilindro: en el lado izquierdo si cuelga de la izquierda, y viceversa.

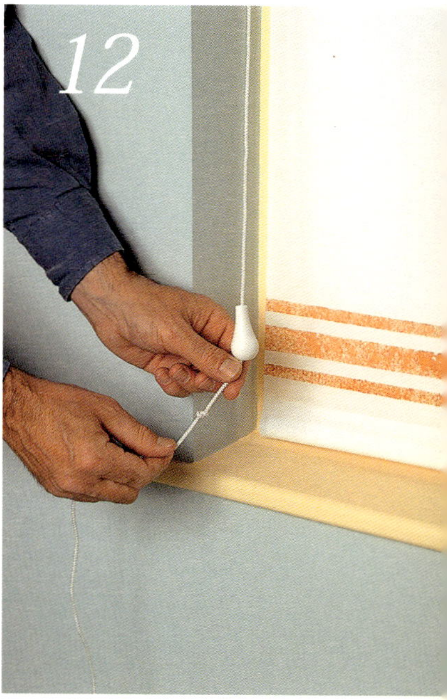

Jardinera para el alféizar

El uso de hierbas frescas en la cocina siempre resulta agradable y, si son de su propia cosecha, mucho mejor. Esta sencilla jardinera de estilo tradicional está diseñada para alojar cuatro tiestos pequeños o tres medianos, aunque es posible adaptar las dimensiones para adecuarla a su alféizar.

Materiales

(Si no se indica lo contrario, toda la madera es blanda)

1 pieza de DM de 55 x 1,9 x 21 cm • 4 piezas de 19,5 x 3,2 x 3,2 cm • 4 piezas de 57 x 0,6 x 3,5 cm • 4 piezas de 21,5 x 0,6 x 3,5 cm • 26 piezas de 17,8 x 0,6 x 3,2 cm • Puntas de 10 mm y 25 mm • Tornillos del número 6 de 38 mm

Herramientas

Serrucho o sierra cortaingletes • Falsa escuadra • Escuadra • Destornillador • Martillo • Taladro con brocas guía y para avellanar • Botador • Regla • Lápiz • Buril • Papel abrasivo y taco de corcho o espuma • Cola APV • Pasta para madera

Dificultad

Media

Tiempo

2-3 horas

1 Mida y corte cuatro postes para las esquinas de 19,5 cm de las maderas de 3,2 x 3,2 cm, cuatro travesaños delanteros y traseros de 67 cm, cuatro travesaños laterales de 31,8 cm de las maderas de 0,6 x 3,5 cm y 26 largueros de 17,8 cm de las maderas de 0,6 x 3,2 cm. Si va a utilizar una sierra cortaingletes, coloque la hoja en un ángulo de 90°.

2 En cada larguero, haga una señal a 1,3 cm de cada lado en el extremo superior, y a la misma distancia en cada extremo lateral para lograr ángulos de 45°. Trace líneas diagonales entre estas marcas y pinte la madera sobrante. Sitúe la sierra cortaingletes en un ángulo de 45° y recorte el sobrante. Repita en todos los largueros.

3 Lije los bordes de los extremos ingleteados con papel abrasivo de grado medio.

4 Utilizando de nuevo papel abrasivo de grado medio, lije un pequeño bisel en cada esquina superior de los postes esquineros. Estos biseles pueden ser tan pronunciados como usted desee (en nuestro caso, son lo justo para redondear los bordes). Si lo prefiere, puede emplear papel abrasivo alrededor de un bloque de lija.

Consejos útiles

La utilización de una sierra cortaingletes le permitirá cortar dos o más trozos de madera a la vez. Asegúrese de juntar a tope las piezas que va a cortar.

5 Extienda los cuatro travesaños inferiores, dos a 67 cm y dos a 31,8 cm, y trace una línea a lo largo a 0,6 cm por encima del borde inferior de cada travesaño. Esto señalará el borde inferior de los largueros.

6 Con ayuda de una regla, coloque un travesaño largo superior exactamente por encima de un travesaño largo inferior, dejando entre ellos un hueco de 8,8 cm. Mida y haga una señal a 5 cm desde un extremo de ambos travesaños, después coloque un larguero con el borde exterior situado contra estas marcas y el borde inferior sobre la línea trazada en el paso anterior. Aplique cola a los travesaños y clave el larguero con puntas de 10 mm. Repita la operación en todas las parejas de travesaños.

7 Mida y haga una señal a 1,6 cm desde el borde interior del primer larguero, aplique cola y clave el siguiente larguero. Repita la operación hasta que tenga diez largueros a lo largo de cada par de travesaños largos y tres largueros por cada par de travesaños laterales. Hunda la cabeza de las puntas con un botador y elimine el exceso de cola a medida que avanza.

8 Desde los bordes exteriores de los últimos largueros, haga una marca a 4,5 cm, en vertical, en las dos parejas de travesaños largos y corte por estas líneas. En las parejas de travesaños laterales, la distancia desde los bordes exteriores de los largueros es de 3,8 cm. Compruebe que todos los bordes cortados están a escuadra y líjelos bien.

9 Para unir las placas laterales a los postes esquineros, coloque dos postes en horizontal sobre el banco de trabajo y sitúe los extremos de los travesaños a ras de los bordes exteriores de los postes, con la base de los postes alineada con la línea trazada en el paso 5. Marque las posiciones, aplique cola y fíjelo con puntas de 25 mm.

10 Corte un rectángulo de 55 x 21 cm de DM de 1,9 cm para la base, compruebe que las esquinas están a escuadra y líjelas. Coloque una placa lateral en un extremo y haga una señal alrededor de los postes. Taladre orificios guía, vuelva la base y avellánelos desde abajo. Aplique cola a la parte inferior de los postes y atorníllelos.

11 Coloque las placas largas, procurando que los extremos de los travesaños queden a ras del borde exterior de los travesaños laterales. Aplique cola a lo largo del borde de la base, vuelva a colocar la placa y fije el travesaño inferior clavando puntas de 13 mm. Encole y clave los extremos de los travesaños a los postes esquineros, con dos puntas por cada extremo del travesaño.

12 Hunda con un botador la cabeza de todas las puntas por debajo de la superficie de la madera. Rellene los agujeros resultantes con pasta de madera, déjela secar y lije suavemente con papel abrasivo fino. Dé un lijado final a toda la jardinera, aplique imprimación y, cuando esté seca, una mano de pintura.

Capítulo 4

Soluciones para el almacenamiento

1. Platero estilo Shaker

2. Estantes para cazuelas

Platero **estilo Shaker**

Este elegante platero posee las líneas limpias y elegantes, así como la simplicidad utilitaria del mobiliario Shaker. La mayoría de los elementos Shaker están hechos de maderas indígenas de América del Norte, como el cerezo o el arce, pero el coste de éstas es demasiado elevado, por lo que en este proyecto hemos utilizado madera blanda normal y corriente que puede pintarse. Para lograr un auténtico aspecto de época, pida información acerca de pinturas de caseína en colores y tonos tradicionales.

Materiales

(Si no se indica lo contrario, toda la madera es blanda)

2 piezas de 91,5 x 2,5 x 10 cm • 1 pieza de 71 x 2,5 x 12,5 cm • 2 piezas de 66 x 1,9 x 1,9 cm • 2 piezas de 66 x 1,6 x 3,2 cm • 2 piezas de 61 x 2,5 x 10 cm • 3 piezas de 61 x 0,6 x 0,6 cm • Tornillos del número 6 de 38 mm • Puntas de 13 mm • Puntas de 38 mm

Materiales

Sierra • Serrucho de costilla • Escuadra universal • Formón • Mazo de madera • Regla • Lápiz • Martillo • Taladro con brocas guía y para avellanar • Destornillador • Papel abrasivo y bloque de lija • Cola APV • Pasta de madera

Dificultad

Media

Tiempo

2-3 horas

1 Mida y corte dos piezas laterales de 91,5 cm de las maderas de 2,5 x 10 cm. Lije los bordes y compruebe que las piezas son idénticas. Clave, con puntas de 28 mm, los dos tablones. Dibuje el diseño elegido para los laterales a tamaño real sobre un trozo de papel de calco, siga la silueta por el revés y trace este diseño sobre una de las superficies. En este caso, la curva comenzó a 23 cm de la parte superior.

2 Amordace los laterales al banco de trabajo y recorte con una sierra de calar eléctrica la madera sobrante del dibujo trazado. Si no tiene experiencia en cortar curvas, será preferible cortar únicamente hasta el exterior de la línea de lápiz.

3 Libere las piezas laterales del banco de trabajo y vuelva a amordazarlas con la zona cortada hacia arriba. Envuelva papel abrasivo de grado medio alrededor de un bloque de lija y lije los bordes hasta que queden suaves e idénticos. Si ha cortado por fuera de la línea de lápiz, como en el paso anterior, trabaje metódicamente hasta que obtenga la forma deseada.

4 Mida, sujete y corte los travesaños superior e inferior de 66 cm de las maderas de 1,9 x 1,9, y dos baldas de 66 cm de las maderas de 1,6 x 3,2 cm con una sierra. Compruebe que la longitud de las piezas es idéntica y lije los bordes.

5 Sitúe los laterales clavados sobre el borde con el perfil recortado. Coloque el travesaño superior en horizontal sobre los laterales con el borde superior a 76 cm de la parte inferior y marque sus bordes. Repita en el borde superior de la balda superior a 62,9 cm de la base, el borde superior de la balda inferior a 30,5 cm de la base y el borde inferior del travesaño inferior a ras con la base.

6 Utilice una escuadra para señalar las posiciones en un lado, coloque los laterales en plano y emplee los travesaños y los listones para marcar la profundidad de cada pieza. Vuelva los laterales y repita sobre esa superficie.

Consejos útiles

Al trabajar con el formón y el mazo, lo mejor es vaciar la madera sobrante con unos cuantos golpes suaves del formón en lugar de uno o dos fuertes.

7 Sujete los laterales al banco de trabajo con los bordes posteriores marcados hacia arriba. Coloque el serrucho de costilla en un ligero ángulo y corte las líneas de los travesaños y listones hasta llegar a la profundidad marcada en la cara más alejada de usted. Procure no sobrepasar esta señal. Saque los laterales del banco y sepárelos con cuidado. A continuación, utilice los travesaños y listones para marcar una línea de profundidad sobre las dos caras interiores, como en el paso anterior.

8 Vuelva a colocar un lateral en el banco de trabajo y sierre con cuidado hasta la profundidad marcada en ambos lados. Repita en la otra pieza lateral. Coloque cada lateral en plano y utilice un cúter y una regla para realizar un pequeño corte a lo largo de las líneas de profundidad. Vuelva la madera y repita; después, haga lo mismo en la otra pieza lateral.

9 Coloque un lateral en el banco de trabajo igual que antes, y realice uno o dos cortes más con el serrucho de costilla en la zona de la caja para las baldas. Una vez más, procure no sobrepasar la línea de profundidad. Repita en el otro lateral.

10 Coloque un lateral en plano y vacíe la madera sobrante de las cajas con un formón afilado de 13 mm y un mazo de madera. Comience situando el borde biselado del formón mirando hacia la línea de profundidad, con el formón en posición vertical, y golpee con el mazo para vaciar la madera. Una vez vaciado parte del sobrante, vuelva la hoja del formón y sujételo con el extremo recto en vertical sobre la línea recortada. Emplee la presión manual para limpiar la caja e intente hacerla lo más perpendicular posible. Repita esta operación en todas las cajas de las dos piezas laterales.

11 Coloque un lateral en plano sobre la cara interna y utilice una escuadra universal para señalar la posición de las dos baldas en la cara exterior. El borde superior de la balda debería estar en contacto con la parte inferior del listón de la balda, y el borde inferior de la balda debería quedar a 2,5 cm de la primera línea. Alargue las líneas hasta el borde frontal y repita en la otra pieza lateral.

12 Apoye los laterales sobre los bordes frontales y encaje los travesaños y listones en las cajas. El ajuste debería ser perfecto. De no ser así, realice los ajustes necesarios y compruebe que están a escuadra. Coloque cada pieza en posición, taladre y avellane dos agujeros en cada extremo para los listones y uno para los travesaños. Retire los listones y los travesaños, aplique cola en las cajas y sujételos con tornillos del número 6 de 38 mm. Limpie los restos de cola que hayan salido hacia fuera antes de que se seque.

13 Corte las dos baldas de 61 cm de las maderas de 25 x 10 cm y la base de 71 cm de la de 2,5 x 12,5 cm. Limpie los bordes cortados, compruebe que su longitud es idéntica y sujete una balda al banco de trabajo. Envuelva un bloque de lija con papel abrasivo medio y lije el borde frontal de la balda. A continuación, sáquela del banco y repita la operación con el otro borde y los dos de la base.

14 Mida y corte los tres topes de los platos de 61 cm de las maderas de 0,6 x 0,6 cm. Limpie y corte los extremos y clávelos en las caras superiores de las baldas y la base, a 1,9 cm del borde frontal, con puntas de 13 mm. Los topes de los platos discurren todo a lo largo de las baldas, mientras que el tope de la base termina a 5 cm de cada extremo.

15 Coloque una balda, utilizando como guía las líneas de la parte frontal de los laterales y procurando que los ángulos internos queden a escuadra. Sujétela bien y, a continuación, taladre y avellane dos agujeros en cada lado. Encole el extremo de la balda e inserte los tornillos del número 6 de 38 mm. Repita en la otra balda.

16 Coloque la base sobre su cara inferior y sitúe la balda encima, con un solape igual a ambos extremos de los laterales. Marque la posición de los laterales y apártelos. Después, trace líneas guía en la base. Taladre y avellane dos agujeros en la base, sitúe los laterales, perfore los agujeros con un buril y fije con tornillos del número 6 de 38 mm. Rellene los agujeros de las puntas y los tornillos con pasta de madera, lije y pinte con imprimación y capa base.

Estantes **para cazuelas**

Disponer de unos estantes independientes para cazuelas no sólo ofrece la posibilidad de exhibir los cazos y cazuelas, sino que también aporta espacio libre en los armarios. Una vez realizadas las mediciones y marcajes, la construcción del proyecto es relativamente sencilla. Todas las piezas son listoncillos de madera blanda de 2,5 x 2,5 cm, de los que necesitará un total de 3 metros. Cuanto más largos sean los listones que adquiera, más económico resultará el proyecto.

Materiales

(Si no se indica lo contrario, toda la madera es blanda)

2 piezas de 90,3 x 2,5 x 2,5 cm • 2 piezas de 98,5 x 2,5 x 2,5 cm • 4 piezas de 34,3 x 2,5 x 2,5 cm • 2 piezas de 35 x 2,5 x 2,5 cm • 22 piezas de 30,5 x 2,5 x 2,5 cm • 2 piezas de 22,5 x 2,5 x 2,5 cm • Puntas de 38 mm • Tornillos del número 6 de 32 mm • Tornillos del número 8 de 56 m

Herramientas

Serrucho de costilla o sierra cortaingletes • Falsa escuadra • Escuadra • Destornillador • Martillo • Taladro con brocas guía y para avellanar • Regla • Lápiz • Buril • Papel abrasivo y bloque de lija • Cola APV • Pasta para madera

Dificultad

Media

Tiempo

3-4 horas

1 Mida y corte los dos largueros verticales de 98,5 cm, unos 7,5 cm más largos en la parte superior. Marque uno de ellos a 25,5 cm desde el borde inferior. Sitúe un listoncillo de 35 cm con el borde inferior sobre esta marca y compruebe que está a escuadra. Marque 25,5 cm a lo largo de este listoncillo desde el borde posterior, coloque otro listón largo a lo largo de los otros, que coincida con el larguero a 90,3 cm en la parte posterior.

2 Ajuste el ángulo del listón largo de forma que su borde interior alcance la marca a 25,5 cm del listoncillo horizontal. Señale el ángulo de intersección de los largueros a lo ancho del larguero posterior, después retire los listones horizontal y frontal, y trace una línea a lo ancho, a 2,5 cm desde el borde delantero de la línea del ángulo. Sombree el sobrante con un lápiz, corte la parte superior y repita en la parte posterior del otro larguero.

3 Coloque en plano un larguero trasero y vuelva a colocar los listones horizontal y frontal, este último debería casar a lo largo del ángulo cortado de la parte posterior del larguero para lograr una parte superior recta. Utilice una regla y una escuadra a lo largo de la parte inferior del larguero posterior para marcar una línea a lo ancho del larguero delantero. Corte a la medida, compruebe los bordes inferiores y repita en el otro larguero delantero.

4 Sitúe los dos largueros posteriores juntos a lo largo, mida y marque la posición de los listones (el borde inferior del listón inferior debe ir situado a 25,5 cm de la base, el borde inferior del listón central 22 cm por encima de esta marca y el borde inferior del listón superior otros 22 cm por encima de esa marca. Repita la operación en el otro larguero posterior.

5 Corte los cuatro listones (incluido el superior) de 34,3 cm de largo, compruebe que ambos extremos están a escuadra y líjelos. Taladre orificios guía en cada extremo y avellánelos. Sitúe los listones en posición entre ambos largueros, asegurándose de que los extremos queden a ras de los bordes exteriores de los largueros. A continuación, perfore con un buril los agujeros, encole y atornille en posición.

6 Mida y corte 20 tablillas de 30,5 cm. Compruebe que los extremos están a escuadra y, a continuación, bisele éstos a la larga con un bloque de lija. No es preciso hacer un bisel pronunciado, sólo lo justo para no rallar la base de los cazos y cazuelas al ponerlos y quitarlos de encima.

7 Mida y corte los soportes de las dos baldas inferiores a 35 cm, los dos centrales a 30,5 y los dos superiores a 22,5 cm. Compruebe que están a escuadra y lije los extremos. Las tablillas traseras de cada balda van a 5 cm desde el borde posterior, así pues, marque esta medida en el borde superior de los soportes, encole y clave esta tablilla sobre el listón.

8 Junte a tope dos tablillas más contra la trasera, haga las marcas pertinentes, encole y clave la segunda. Repita la operación con todas las tablillas de las tres baldas. Los bordes delanteros de las baldas sobresaldrán de las tablillas frontales, por lo que tendrá que recortar los bordes de los soportes a medida y, a continuación, lijarlos a ras de la tablilla delantera.

9 Sitúe la balda inferior, con los bordes posteriores de los soportes ajustados sobre el listón inferior. Haga las marcas de los tornillos en la parte inferior del listón, haga orificios guía y avellánelos. Repita la operación en las tres baldas.

10 Coloque las baldas y perfore con un buril o un barreno de mano los agujeros de los listones. Retire la balda y encole el borde posterior inferior del soporte de cada balda. A continuación, póngalo en posición y atorníllelo.

Consejos útiles

A la hora de colocar las tablillas, recorte los extremos afilados de las puntas para evitar rajar la madera o utilice un taladro pequeño para perforar orificios guía.

11 Coloque el listón superior en la parte de arriba de los largueros traseros. Marque la posición, taladre orificios guía y avellánelos. Perfore los agujeros con un buril o barreno de mano, taladre agujeros en los largueros traseros y perfórelos hacia los largueros frontales. Atornille las tres piezas por un lado y repita en el otro lado.

12 Compruebe que las baldas están perpendiculares a los largueros traseros, coloque los largueros frontales en el lateral de la balda y taladre agujeros a través de los largueros. Encole los bordes interiores de éstos y atorníllelos. Rellene todos los agujeros avellanados con pasta de madera y líjelos cuando haya secado. Por último, pinte o barnice los estantes para cazuelas.

Capítulo 5

Reparaciones y mejoras

1. Renovación de puertas de un armario

2. Resellado de juntas

3. Plantillas para estarcidos

Renovación de puertas de un armario

Además de poner puertas nuevas en sustitución de las viejas que estén rotas, la reparación de las puertas de los muebles de cocina es una forma económica de renovar completamente el aspecto de su cocina. Aun cuando emplee el mismo diseño y color de puerta, unos tiradores nuevos pueden proporcionar un toque novedoso.

Materiales

Puertas • Tiradores • Tornillos

Herramientas

Destornillador • Taladro y broca guía • Lápiz • Nivel de burbuja

Dificultad

Fácil

Tiempo

1 hora

1 Salvo en el caso de que las puertas viejas sean de madera maciza y cuelguen de bisagras normales, necesitará utilizar los accesorios de la bisagra ajustable original, suponiendo que estén en perfecto estado. Sujete la puerta (o pida a alguien que le ayude) y afloje los tornillos que sujetan las bisagras a la puerta. Retire la puerta.

2 Fije la nueva puerta al mecanismo, comprobando la posición de los agujeros de los tornillos. Si no casan, señale la posición en la puerta nueva y taladre con cuidado un pequeño orificio guía. Embuta el mecanismo de la bisagra en la caja y atornille la puerta a las bisagras.

Consejos útiles

Si una o más bisagras están dañadas, o desea sustituirlas, saque primero la puerta y, a continuación, desatornille y retire las bisagras de la estructura. Vuelva a montar en el orden inverso y compruebe el ajuste descrito en el paso 3.

3 El tornillo exterior del mecanismo de la bisagra controla la distancia entre la puerta y el armario, mientras que el situado más hacia el centro controla el ajuste. Afloje cada tornillo y desplace la puerta ligeramente hasta la nueva posición. A continuación, apriete los tornillos y compruebe el ajuste de la puerta al mueble. Continúe hasta estar satisfecho.

4 Los tiradores y agarradores se venden en infinidad de tamaños, formas y materiales, pero todos se colocan mediante un tornillo. Lo más importante es medir con gran precisión la posición para los agujeros de los tornillos (ayúdese de un nivel). Después, taladre los agujeros e introduzca los tornillos. Apriete las tuercas de la parte interior de la puerta.

Resellado **de juntas**

Tal vez desee sustituir la silicona vieja por múltiples razones: puede estar descolorida o agrietada, o puede haberse contraído o expandido con el tiempo. Sea cual sea el motivo, la solución se basa en una preparación escrupulosa. De lo contrario, los problemas volverán a comenzar.

Materiales

Silicona

Herramientas

Buril o destornillador viejo • Papel de lija fino • Brocha suave • Herramienta para dar forma • Trapo • Secador de pelo

Dificultad

Fácil

Tiempo

Menos de 1 hora

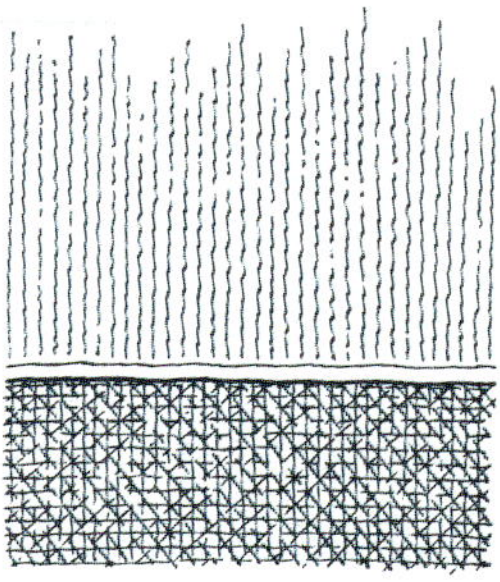

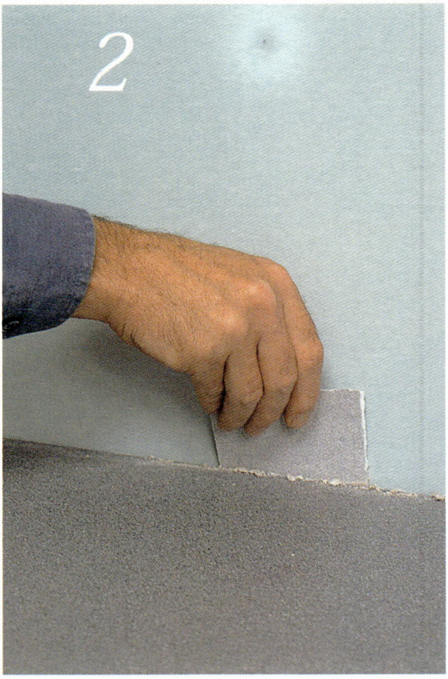

1 Utilice un buril o un destornillador estrecho para rascar la silicona o el sellador viejo. Aun cuando sólo se viera afectada una zona, merece la pena eliminar toda la silicona de una línea. Sólo así el resultado será uniforme.

2 Limpie los restos, doble un trozo de papel de lija fino o papel de esmeril y prepare la superficie para la silicona. Tanto para este paso como para el paso anterior, trabaje con cuidado para no rayar o saltar la pared o la encimera.

Consejos útiles

Si no dispone de una brocha suave para limpiar los restos, puede utilizar una brocha de pintura vieja, siempre que esté completamente limpia y seca. Emplee un secador de pelo para acelerar el secado.

3 Limpie bien la hendidura y toda la zona con una brocha de cerdas suaves. También es posible utilizar un aspirador. Si duda de que la superficie esté completamente seca, aplique el chorro de aire caliente de un secador durante unos minutos. Mueva el secador: no lo deje en una posición fija.

4 Corte la boquilla del cartucho de silicona en un ángulo de 45° y aplique el sellador nuevo a lo largo de la hendidura procurando llenarla por completo. Trabaje con firmeza y, si tiene que detenerse, retire la boquilla de la junta, límpiela y vuelva a continuar. Comprima y dé forma a la silicona con una herramienta de borde redondeado y limpie inmediatamente el sobrante con un trapo húmedo y limpio.

Plantillas **para estarcidos**

El estarcido ha sido durante siglos un método popular para aplicar diseños, motivos y dibujos sobre las paredes. Como resultado de esta tradición, los establecimientos de bricolaje y decoración tienen gran variedad de plantillas para estarcidos. También puede encontrar inspiración en libros de diseño y arte tradicional, muchos de los cuales carecen de *Copyright.* Los estarcidos de las páginas siguientes son sencillos de realizar: cópielos sobre cartón o acetato para estarcir o amplíelos o redúzcalos en una fotocopiadora al tamaño deseado. Si pretende hacer unas cuantas plantillas para aplicar a lo largo de una pared, procure dibujarlas y cortarlas en la misma posición sobre cada trozo de cartón o acetato. De esta manera, se evitará problemas a la hora de alinearlas en la pared cuando las haya unido con cinta adhesiva.

Materiales

Cartón o acetato para estarcir • Cinta adhesiva

Herramientas

Lápiz o rotulador de punta fina • Cúter

Dificultad

Fácil

Tiempo

15-20 minutos por plantilla

Glosario

Índice

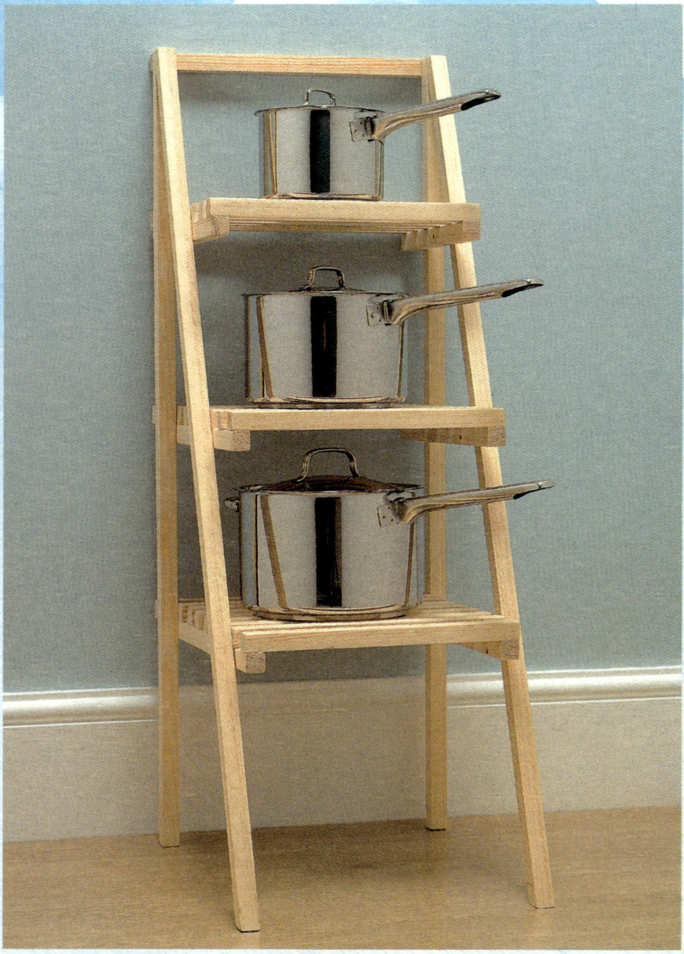

Glosario

Avellanar: Ensanchar un agujero para que permita que la cabeza de un tornillo o punta se hunda por debajo de la superficie.

Bisel: Cualquier ángulo que no sea recto en el que convergen dos superficies.

Caja: Ranura honda y ancha practicada a lo ancho de la veta de un trozo de madera. En las uniones con ranura se introduce el canto o lengüeta de una pieza en el alojamiento hecho en la otra.

DM: Fibra de densidad media. Material prefabricado que puede trabajarse como la madera.

Galvanizado: Tornillos o puntas cubiertos de una capa protectora de cinc. Normalmente son utilizados para trabajos exteriores.

Inglete: Unión realizada cortando ángulos iguales, normalmente de 45°, para formar un ángulo recto con dos piezas de madera.

Junquillo: Moldura de madera que separa los paneles de cristal de una ventana o puerta.

Junta a tope: Junta sencilla en la que dos piezas de madera se unen sin cortes ni ranuras de ensamble.

Larguero: Pieza vertical de madera utilizada al fabricar una estructura o marco.

Listoncillo: Tira estrecha de madera; utilizada con frecuencia para describir un listón empleado como soporte para otras piezas.

Madera blanda: Madera procedente de árboles como el pino, el arce y el cedro, pertenecientes al grupo botánico *Gymnospermae*.

Montante: Pieza vertical del marco de una puerta o ventana.

Orificio guía: Agujero de pequeño diámetro taladrado en la madera que sirve de guía para la rosca de un tornillo.

Plantilla: Silueta recortada en papel o cartón utilizada para dar forma a la madera.

Rebajo: Corte en disminución, normalmente rectangular, practicado en el borde de un trozo de madera como parte de una junta.

Travesaño: Pieza horizontal del marco de una puerta o ventana.

Índice

Agradecimientos

Fotografías de Alistair Hughes, excepto:
8/9 Houses & Interiors; 34/35 Simon Upton/Robert Harding Syndication; 52/53 Houses & Interiors; 76/77, 96/97 Camera Press; cubierta Robert Harding Picture Library.
Ilustraciones de Stewart Walton.

Director del proyecto: Ian Kearey
Diseño: Paul Griffin
Coordinación editorial: Ros Highstead
Fotografías: Alistair Hughes
Jefe de redacción: Antonia Cunningham
Jefe de redacción gráfica: Patrick Carpenter
Dirección editorial: Ellen Dupont
Director gráfico: Dave Goodman
Producción: Amanda Mackie
Índice: Jill Dormon

Título original: *Your kitchen*
Traducción: Alfredo Ramón Díez y Marisa Rodríguez Pérez

Carretera León-La Coruña, km 5 - LEÓN
ISBN: 84-241-8419-X
Depósito Legal: LE: 1403-2001
Printed in Spain - Impreso en España

EDITORIAL EVERGRÁFICAS, S. L.
Carretera León-La Coruña, km 5
LEÓN (ESPAÑA)